Reise durch

MEXIKO

Bilder von der
Bildagentur LOOK

Texte von
Ortrun Egelkraut

Stürtz

INHALT

Erste Seite:
Türkisblaues Wasser und jahrtausendealte Kultur: Die Chacmool-Figur gehört zu den Überresten einer kleinen Mayastätte am Strand von Cancún.

Vorherige Seite:
Palenque – wie ein Märchenschloss erhebt sich der Palast aus dem

tropischen Regenwald im Norden des Bundesstaates Chiapas.

Unten:
Die Mariachis sind überall, hier am Strand der Karibik in Quintana Roo. Ihren Namen verdanken sie angeblich französischen Einwanderern, die zur Hochzeit (marriage) die fahrenden Musikanten aufspielen ließen.

Seite 10/11:
Zacatecas, die Hauptstadt des gleichnamigen Bundesstaates, liegt eingebettet zwischen steilen Bergen, die wiederum eine hervorragende Aussicht auf die einstige Silberstadt bieten.

M E X I K O –

Der Kaktus, hier ein Säulenkaktus in der Wüste von Sonora, gehört zu den Wahrzeichen Mexikos, das sich sogar im Nationalwappen – ein Nopalkaktus – wiederfindet. Über 4000 der weltweit etwa 6000 Kakteenarten sind in Mexiko heimisch.

Die Mexikaner, ein ewig singendes, tanzendes und Tequila trinkendes Volk? Die Männer mit Schnurrbart, ausladendem Sombrero, nietenbeschlagenen Hosen und blitzeblanken Stiefeln zum Macho aufpoliert, die Frauen mit dunklen Augen, schwarzen Locken und farbenprächtigen Trachten herausgeputzt wie für den Schönheitswettbewerb: So (ver-) kleiden sich Mexikaner durchaus zum Folklorespektakel. Doch im umfassenden Panorama Mexikos ist dieses Bild nur ein Mosaikstein und eines der unzähligen Klischees über das Land.

Wer Mexiko-Stadt hört, denkt an Umweltverschmutzung und Verkehrschaos, wer von Politik redet, meint Krisen und Korruption, und wer von den Indígenas erzählt, hat die Armut vor Augen. Aber auch solch negative Seiten sind wieder nur ein kleiner Ausschnitt. Denn wohl kaum ein anderes Land hat mehr Vielfalt zu bieten – besonders an Natur und Naturwundern, an Kunst und Kultur aus Geschichte und Gegenwart. Mexikaner sind herzlich und aufgeschlossen, neugierig auf Fremde und stolz auf ihr Land. Nichts hören sie lieber als anerkennende Worte. Was alles nicht stimmt in Politik und Alltag, das wissen sie selbst am besten und können die bösesten Witze darüber machen. Doch wenn die Diskussionen über Gott und die Welt, über »la crisis« und »el futuro« beendet sind und live oder aus dem Lautsprecher Mariachi-Musik erklingt, dann werden selbst harte Männer und starke Frauen sentimental. Melancholie und Lebensfreude, »melancolía« und »alegría«, sind typische Eigenschaften der Mexikaner.

3000 JAHRE WECHSELVOLLE GESCHICHTE

»Sie erblickten das Tal von Mexiko oder Tenochtitlán und mitten im Wasser – wie eine indianische Kaiserin in ihrem Perlenschmuck – prangte, gleichsam in die Fluten gebettet,

EINE ENDLOSE REISE

die schöne Stadt Mexiko mit ihren weißen Türmen und Tempelpyramiden – das weltberühmte 'Venedig der Azteken'.« Wenig später lag diese prächtige Stadt, die der Historiker William Prescott in seiner Geschichte der Eroberung Mexikos so schwärmerisch ausmalte, in Schutt und Asche. Die Spanier hatten das Aztekenreich vernichtet. Mit der Geburt einer neuen Nation begann am 13. August 1521 in Mexiko ein neues Zeitalter. »Von einem Tag auf den anderen wurden Tradition, Geschichte und Dynastie zerbrochen, wechselte alles, Sprache und Glaube, Staat und Familie, Hautfarbe und Sitte, Namen und Gebärden, Waffe und Erwerb, Gebrauch und Gesetz, das Menschenreich und das Tierreich«, fasste der Reporter Egon Erwin Kisch die dramatischen Veränderungen zusammen. Kisch, der das Land 1940 zum Exil gewählt hatte, stieß bei seinen »Entdeckungen in Mexiko« aber auch auf Zeugnisse dafür, dass der Indianer seine »dunkle Vorvergangenheit nicht vergessen« hatte.

Mexikos Geschichte war beim Eindringen der Spanier in die »Neue Welt« schon 3000 Jahre alt. Um 1500 v. Chr. entwickelte sich in den Sümpfen an der Golfküste die Kultur der Olmeken. Etwa zur gleichen Zeit begannen die Maya im Südosten des Landes den Grundstein zu legen für ihre später mächtigen Städte. In der »klassischen Periode« (100–900 n. Chr.) »blühten« die Hochkulturen nebeneinander. Die Zapoteken errichteten Monte Albán, an der Golfküste entstanden neue Zeremonialzentren wie El Tajín, in Zentralmexiko wuchs Teotihuacán zu einer Metropole heran, in der selbst einfache Wohnquartiere mit Wandmalereien verziert wurden. Und die Welt der Maya erreichte eine heute grenzüberschreitende Ausdehnung von Mexiko über Guatemala und Belize nach Honduras und El Salvador.

Erst spät traten die Azteken aus dem mythischen Dunkel in das Licht der Geschichte. Um 1320 ließen sie sich im Tal von Mexiko nieder. 200 Jahre hatten sie Zeit, um ein gewaltiges Imperium aufzubauen, vor dem die unterworfenen und zu Tributzahlungen verpflichteten Völker erzitterten. Denen kam Hernán Cortés gerade recht – und umgekehrt. Denn nur mit deren Unterstützung gelang es der kleinen Schar spanischer Soldaten, das stolze Volk der Azteken zu besiegen.

Aus den Trümmern Tenochtitláns erhob sich nun Mexico, die Hauptstadt des Vizekönigreichs Neuspanien. Die neuen Herren fanden zwar nicht das erhoffte Gold, dafür aber Silber im Überfluss. Die reichen Bodenschätze machten das Land zur wichtigsten Einnahmequelle des spanischen Weltreiches. Nach 300 Jahren Kolonialherrschaft jedoch regte sich Widerstand. Am 15. September 1810 läutete Pater Miguel Hidalgo den Aufstand ein. Indianische Bauern und Bergarbeiter schlossen sich an. »1821 befreite die Unabhängigkeit das Land im Namen der Freiheit, aber nicht der Gleichheit«, schreibt der Romancier Carlos Fuentes, und: »Der Zwiespalt zwischen idealen Gesetzen und widerspenstiger Realität machte das Land unregierbar, ließ es zur Beute eines ununterbrochenen Bürgerkriegs und ausländischer Invasionen werden.« Der verlorene Krieg gegen die USA kostete Mexiko 1848 den Norden, von Texas bis Kalifornien, und damit die Hälfte seines Territoriums. Mit radikalen Reformgesetzen versuchte Benito Juárez (1806–1872) einen Nationalstaat zu schaffen. Der Zapoteke auf dem Präsidentenstuhl verordnete die Trennung von Staat und Kirche und stellte die Schuldenzahlungen an das Ausland ein. Daraufhin schickte Napoleon III. zunächst Soldaten, dann den Habsburger Maximilian, der 1864 zum Kaiser von Mexiko gekrönt wurde. Drei Jahre später siegten Mexikos liberale Truppen. Juárez ließ Maximilian hinrichten und wurde erneut zum Präsidenten gewählt.

1876 übernahm Porfirio Díaz die Macht und gab sie mehr als 30 Jahre lang nicht mehr ab. Sein »Porfiriat« brachte dem Land wirtschaftlichen Fortschritt und wurde zur glanzvollen Epoche für die Oberschicht, während das Volk immer tiefer im Elend versank. Eine erneute Wiederwahl des Diktators war 1910 Auslöser für die Revolution, zu deren Volkshelden der Rebell Pancho Villa und der Bauernführer Emiliano Zapata wurden. 1917 – die Kämpfe hatten einer Million Menschen das Leben gekostet – wurde die mexikanische Verfassung ausgerufen, die im Wesentlichen bis heute Gültigkeit hat. Die revolutionären Forderungen der Bauern nach »tierra y libertad«, Land und Freiheit, nahm erst Präsident Lázaro Cárdenas (1934–1940) ernst. Er begann mit der Landverteilung, verstaatlichte die Erdölindustrie und startete eine umfassende Bildungskampagne. Dennoch veränderte sich nicht viel für die Mehrheit der Bevölkerung.

Das moderne Mexiko ist ein zweigeteiltes Land. Für die einen hat das 21. Jahrhundert längst begonnen, mit allem Luxus und technischem Fortschritt. Die anderen leben noch immer in der Dritten Welt. Am 1. Januar 1994 trat NAFTA, das Freihandelsabkommen mit den USA und Kanada, in Kraft und das technokratische Mexiko wähnte sich auf der Schwelle

Teotihuacán mit der gigantischen, 63 Meter hohen Sonnenpyramide gehört zu den eindrucksvollsten archäologischen Stätten Mexikos. 248 Stufen führen auf die oberste Plattform, die einst von einem Tempel gekrönt war. Teotihuacán war zu ihrer Blütezeit (350–650 n. Chr.) mit 200 000 Einwohnern die größte Metropole der Welt.

zur Ersten Welt. Da erinnerte gleichzeitig der Aufstand der »Zapatistas« (EZLN) in Chiapas mit der Forderung nach Land und Freiheit, Schulen und Gesundheitsversorgung an die Vergessenen der Entwicklung. Sieben Jahre später erstritten die Zapatisten ein Gesetz über mehr Rechte für die indianische Bevölkerung. Im Jahr 2000 plädierte das Volk für einen historischen Machtwechsel, wählte Vicente Fox, den Kandidaten der konservativen Oppositionspartei PAN, zum Präsidenten und beendete damit die 70-jährige Regierungszeit der PRI, der Partei der Institutionalisierten Revolution.

EINZIGARTIGE VIELFALT DER NATUR

Tropische Regenwälder und schneebedeckte Vulkane, endlose, mit Kakteen bestandene Wüsten und subtropische Blütenpracht, Täler und Gebirge, Flüsse, Seen und Wasserfälle bestimmen das wechselnde Landschaftsbild. Mexiko ist mit fast zwei Millionen Quadratkilometern knapp sechsmal so groß wie Deutschland und das drittgrößte Land Lateinamerikas.

Im Norden bildet der Río Bravo – die Amerikaner nennen den Fluss Rio Grande – von Ciudad Juárez/El Paso bis Matamoros am Golf von Mexiko die Grenze zu den USA. Im Südosten, rund 3000 Kilometer entfernt, grenzt Mexiko an Guatemala und Belize. Dazwischen breitet sich eine einzigartige landschaftliche Vielfalt aus, bedingt durch unterschiedliche Höhenlagen und Klimazonen. Zwei Gebirgszüge, die Sierra Madre Oriental im Osten und die Sierra Madre Occidental im Westen, überragen ein riesiges Hochbecken, das von Nord nach Süd, von Chihuahua bis Mexiko-Stadt, Höhen zwischen 900 und 2500 Metern erreicht. Den südlichen Abschluss dieser Mesa Central bildet die Sierra Volcánica Transversal mit so majestätischen Vulkanen wie dem Iztaccíhuatl (5286 Meter). Der höchste Gipfel des Landes ist der Pico de Orizaba mit 5700 Metern, der spektakulärste der Popocatépetl. Im Dezember 2000 schleuderte der »rauchende Berg« beim stärksten Ausbruch seiner aufgezeichneten Geschichte gewaltige Gesteinsmassen und eine riesige Feuersäule in die Luft.

Im südlichen Chiapas finden sich letzte Reste von Nebelwald. Hier lebt noch vereinzelt der vom Aussterben bedrohte Quetzal, den Maya wie Azteken als Göttervogel verehrten. Den nordöstlich anschließenden Regenwald im Tiefland des Río Usumacinta, des Grenzflusses zu Guatemala, durchstreifen Tapir, Puma und Jaguar. Die Ebenen und Sumpfregionen von Veracruz und Tabasco umrunden sanft den weiten Golf von Mexiko und leiten über zur Halbinsel Yucatán. Auf der flachen, mit trockenem Buschwald überzogenen Kalksteintafel versickert jeder Wassertropfen.

Eingerahmt wird Mexiko von 10 000 Kilometern Küste mit langen Sandstränden, schroffen Klippen, idyllischen Buchten, verborgenen Lagunen. Vor allem die Pazifikküste säumen lebhafte Badeorte wie das legendäre Acapulco. Die weit geschwungene Bucht brachte 1803 den deutschen Wissenschaftler Alexander von Humboldt zum Schwärmen: »Malerischer kann eine Küste nicht sein!« Heute hat »Aca« über eine Million Einwohner, zieht nach wie vor den Jetset an und ist längst auch Tummelplatz für Normalreisende. Ruhiger geht es im Fischerdorf Zihuatanejo und dem mondänen Nachbarort Ixtapa (Bundesstaat Guerrero) zu. Unter tropischer Vegetation verstecken sich die eleganten Hotelanlagen von Huatulco, weiter südöstlich im Staat Oaxaca. Mexikos populärstes Badeziel ist die Karibikküste. Zwischen der am Computer entworfenen Stadt Cancún und den uralten Maya-Ruinen von Tulum wurde die »Riviera Maya« geschaffen – ein Luxusparadies mit unerschöpflichem Freizeitangebot, vom Dschungeltrip bis zur Tauchexkursion in die grandiose Unterwasserwelt am großen Maya-Riff vor den Inseln Cozumel und Mujeres.

Die Reisenden sind ein wichtiger Wirtschaftsfaktor, der vielen Menschen Lohn und Brot und dem Land Devisen bringt. An der Spitze der Deviseneinnahmen stehen Erdöl-Industrie und sogenannte »Maquiladoras«. Mit diesen »Lohnveredelungsbetrieben« nutzen ausländische, meist amerikanische und japanische Firmen die niedrigen Löhne in Mexiko, um Textilien, Elektronik und Autoteile fertigen zu lassen. Die Endprodukte werden dann zollfrei ausgeführt. Die Fertigungsstätten liegen vorwiegend in der Grenzregion im Norden. Südlich davon dehnen sich Halbwüsten und Steppen aus. Viehherden finden gute Weidegebiete, landwirtschaftlicher Anbau ist nur mit künstlicher Bewässerung oder, wie auf der Halbinsel Baja California, in Oasen möglich. Nahezu die Hälfte der Bevölkerung lebt von

Maria Tores Gonzales und ihre Schwester leben in Zinacantán, einem Tzotzil-Dorf in Chiapas, nicht viel anders als ihre Maya-Vorfahren. Die Tzotziles sind eine von rund zehn Maya-Gruppen in Chiapas, die ihre eigene Sprache und ihre Bräuche bewahrt haben.

der Landwirtschaft, die jedoch kaum mehr als fünf Prozent Anteil am Bruttosozialprodukt hat. Die besten landwirtschaftlich genutzten Flächen konzentrieren sich im zentralen Hochland mit seinen von Flüssen durchzogenen Tälern und fruchtbaren Lavaböden. Mexiko ist reich an Bodenschätzen. Über 40 Mineralien und Metallerze werden abgebaut, an erster Stelle immer noch Silber. Ein Ballungsraum für Industrieanlagen ist die Region rund um Mexiko-Stadt.

Das riesige Land besitzt auf der anderen Seite unberührte Natur, die in über 70 Nationalparks, Natur- oder Biosphärenreservaten geschützt wird. Einzigartig ist im Norden die Barranca del Cobre mit ihren weit verzweigten, tiefen Schluchten – spektakulär ist die Eisenbahnstrecke, die diese natürlichen Hindernisse überwindet. An der Halbinsel Baja California fasziniert zuerst die Wüste. Ein aufregendes Naturschauspiel findet hier alljährlich zwischen Januar und März statt, wenn Hunderte von Walen in den Buchten der Pazifikküste ihre Jungen zur Welt bringen. Das Mar de Cortés, auch Golf von Kalifornien genannt, an der Ostseite der Halbinsel, gilt als das bedeutendste natürliche Aquarium der Welt mit über 800 Arten von Meerestieren. Monarch-Schmetterlinge haben die Kiefern- und Pinienwälder im Bundesstaat Michoacán zum Überwintern erkoren. An trüben Tagen hängen die zarten Gebilde, die den weiten Flug von Kanada auf sich genommen haben, wie Blüten in den Bäumen. Sobald aber die Sonne scheint, erheben sie sich millionenfach in die Luft und wirbeln durcheinander wie bunte Papierfetzen.

DAS LAND DER DREI KULTUREN

Mexiko-Stadt ist mit 20 Millionen Einwohnern eine der größten Städte der Welt und eine weltoffene Metropole, mit täglichem Verkehrschaos und einem unvergleichlichen Charme. Unbeeindruckt vom dichten Verkehr herrscht lebhaftes Markttreiben direkt am Straßenrand. Kreuzungen werden zur Zirkusarena, wenn Kinder und Jugendliche als Clowns verkleidet mit Bällen jonglieren, Feuer schlucken oder flink die Scheiben der haltenden Autos putzen – alles in der Erwartung einiger Pesos zum Leben.

Fast 250 Meter fällt die Cascada de Basaseachi in die Tiefe. Von zwei Aussichtspunkten lässt sich Mexikos zweithöchster Wasserfall bewundern. Der Parque Nacional Cascada de Basaseachi mit seinen Felsen, Schluchten und Pinienwäldern bietet sich als eines von zahlreichen Ausflugszielen ab Creel an.

Modernste Glaspaläste und Hochhäuser säumen den Boulevard Paseo de la Reforma, der bis in die vornehmen Wohnviertel führt, wo sich die Villen der Reichen hinter hohen Mauern verbergen. Prachtvolle spanische Herrenhäuser und Kirchen im üppigen Barockstil prägen das Centro Historico. Mitten in der Altstadt, zwischen Kathedrale und Nationalpalast, wurden die Überreste des aztekischen Templo Mayor 1978 bei Bauarbeiten zufällig entdeckt und freigelegt. Der bedeutendste Tempel der Azteken zeugt von der Verehrung für Huitzilopochtli, den Kriegsgott, und für Tlaloc, den Herrn über Regen und Fruchtbarkeit. Beiden, so berichteten entsetzt die Eroberer, wurden Menschenopfer dargebracht, aber auch kunstvolle Opfergaben, die heute im Museo del Templo Mayor ausgestellt sind. Das Museo Nacional de Antropología nennen Mexikaner ihren größten Tempel, der alle Götter der präspanischen Kulturen versammelt, in Stein gehauen, aus Ton geformt, auf Vasen gemalt. Das Museum lädt mit kostbaren archäologischen Fundstücken ein zu einem Streifzug durch die Jahrtausende bis zur Ankunft der Spanier. Das Museum für Geschichte im Castillo de Chapultepec, dem Schloss auf dem Heuschreckenhügel, dokumentiert die folgenden Epochen bis zur Revolution von 1910. Mexikanischer Alltag heute ist am Fuß des Hügels live zu erleben. Im Chapultepec-Park scheint sich sonntags die ganze Stadt bei Sport und Spiel, beim Picknick oder Kindergeburtstag zu vergnügen. Mit Kolonialbauten und kopfsteingepflasterten Gassen wirkt der südliche Stadtteil Coyoacán, als wäre die Zeit stehen geblieben, seit sich Hernán Cortés, der Eroberer, dort niedergelassen hatte. In den Kanälen von Xochimilco, noch weiter im Süden, züchten Bauern Gemüse und Blumen auf schwimmenden Gärten – wie zu Zeiten der Azteken.

Zweitgrößte Stadt Mexikos (6 Millionen Einwohner) ist die moderne Industrie- und Kongressstadt Guadalajara mit ihrem schmucken kolonialen Stadtkern. Der riesige Mercado Libertad vereint alle Farben und Gerüche des Landes und ist wie alle Märkte in Mexiko organisiert nach indianischem Prinzip: hier Früchte und Gemüse, liebevoll zu Pyramiden aufgeschichtet, daneben duftendes Brot und Kräuter, dort Handwerkskunst und profane Haushaltswaren. Guadalajara ist eine Hoch-

burg mexikanischer Folklore. Die populären Mariachi-Musikkapellen hatten hier ebenso ihren Ursprung wie der temperamentvolle Tanz »Jarabe Tapatío« oder das Reiterspektakel »Charreada«. Natürlich fließt bei all dem der Tequila in Strömen, der im benachbarten Ort Tequila produziert wird.

Das spanische Erbe findet sich aufs Schönste bewahrt in Mexikos Kolonialstädten. Prunkvoll ausgestattete Kirchen, weitläufige Klöster, stattliche Paläste, liebliche Patios, elegante Arkaden und mit Schätzen jener Epoche angefüllte Museen machen den besonderen Reiz aus von Puebla, Taxco, Morelia, Guanajuato, Querétaro oder Zacatecas, um nur einige der zauberhaften Orte zu nennen. Das selbstverständliche Nebeneinander dreier Kulturen ist in Oaxaca zu erleben. Die Stadt mit ihren Prachtbauten zeigt deutlich spanischen Einfluss. Die umliegenden Dörfer geben Einblick in den indianischen Alltag heute, und hoch über der Stadt erinnert die archäologische Stätte Monte Albán an die Zapoteken und Mixteken.

Die Überreste der vorspanischen Hochkulturen, die Pyramiden und Paläste, Ballspielplätze und Observatorien, Tempel und Altäre, sind einzigartige Zeugnisse einer untergegangenen Welt. Geheimnisvoll klingen die Namen der einstigen Festungen, Handelsstädte und Zeremonialzentren: Teotihuacán, der »Ort, an dem die Menschen zu Göttern werden«, mit Mond- und Sonnenpyramide, oder Xochicalco, das »Haus der Blumen«, in dem sich vermutlich die Astronomen verschiedener Völker zur Korrektur der Kalenderdaten trafen. Gigantische Kriegerstatuen wachen noch immer über Tula, die einstige Hauptstadt der Tolteken, während die Maya-Städte Palenque, Yaxchilán und Calakmul an verwunschene Märchenschlösser denken lassen.

DAS EINENDE SYMBOL DER MESTIZEN

In den Dörfern und auf den Märkten der Halbinsel Yucatán kann man ihnen begegnen: Menschen mit dem markanten Maya-Profil, wie es so manche 1000 Jahre alte Stele oder bemalte Keramikvase ziert. Und im Regenwald von Chiapas, der Selva Lacandona, hält eine kleine Schar Lacandonen, die nie erobert wurden und als direkte Nachfahren der Maya gelten, an uralten Riten fest. Sie beschwören den Regengott und wissen mit und von der Natur zu leben.

Pittoresk schmiegt sich die Kolonialstadt Guanajuato an die Berghänge. Die Hauptstadt des gleichnamigen Bundesstaates, einst reichste Silberstadt Mexikos, ist mit ihren idyllischen Plätzen und mehreren Theatern alljährlich im Oktober Schauplatz des internationalen Kulturfestivals »Cervantino«, das ein großes Publikum anzieht.

Auch die Nachfahren der Zapoteken, Mixteken oder Totonaken haben traditionelle Lebensweisen bewahrt, mehr oder weniger vermischt mit den unterschiedlichsten Einflüssen. Frauen tragen noch stolz die wunderschönen Trachten ihres Volkes oder Dorfes. Männer hingegen bevorzugen Jeans und T-Shirt, Cowboyhut oder Baseball-Mütze. Die Tarahumaras im Norden oder die Huicholes im Westen leben zurückgezogen in den Bergen. Die Nahua, wie die Nahuatl sprechenden Völker genannt werden, zu denen die Azteken gehörten, haben sich im Hochland verstreut. Die Maya in Yucatán und Chiapas stellen ein Drittel der Bevölkerung. Im Landesdurchschnitt sind zehn Prozent der 100 Millionen Einwohner Indígenas. Von wenigen »Weißen« abgesehen gehört der große Rest zu den Mestizen. 50 Jahre nach der Eroberung waren von den vielleicht 25 Millionen Ureinwohnern noch drei bis fünf Millionen übrig. Der Dominikaner-Mönch Bartolomé de las Casas (1484–1566), der sich beim spanischen König für die Rechte der Indianer einsetzte, schildert in seinem »Kurz gefassten Bericht von der Zerstörung der westindischen Länder« die »Gemetzel und Verwüstungen, welche die bluttriefenden und grausamen Hände und Schwerter der Spanier unaufhörlich anstellten«.

Missionare gingen bei der geistigen Eroberung geschickter vor. Sie machten sich den alten Glauben und indianische Rituale zum Werkzeug. So wurden offene Kapellen zur Taufe unter freiem Himmel gebaut, denn die aztekische Hierarchie verbot dem einfachen Volk das Betreten der Tempel. Die Indígenas nahmen die neue Religion an, bot sie doch Nischen für andere Glaubensvorstellungen. In vielen indianischen Gemeinden werden die Statuen christlicher Heiliger in indianische Gewänder gehüllt und mit uralten Gottheiten in Verbindung gebracht. Wichtigstes Symbol dieser Vermischung zweier Religionen und zugleich Sinnbild der mexikanischen Identität ist die Jungfrau von Guadalupe, La Virgen Morena, die christliche Madonna mit indianisch brauner Hautfarbe. Die Basílica de Guadalupe in Mexiko-Stadt, die jährlich Millionen von Pilgern anlockt, steht genau an der Stelle eines aztekischen Tempels für die Fruchtbarkeitsgöttin Tonantzín.

Die Durchdringung der indianischen und europäischen Kulturen zeigt sich am deutlichsten bei Festen. Ob Musik oder Feuerwerk, Tänze und Masken, Prozessionen und Volksvergnügen, Dekoration und Speisen – die mexikanische Mischung ist unverkennbar. In der Kunst hat Mexiko auffallend Eigenständiges geschaffen. Nach der Revolution besannen sich die Künstler auf das indianische Erbe. In einem Land, in dem viele Menschen keine Buchstaben lesen konnten, sollten sie eben Bilder lesen, um die eigene Geschichte zu erfahren und eine bessere Zukunft zu gestalten. Im Sinne sozialistischer Utopie entstand die Wandmalerei, Mexikos herausragender Beitrag zur Weltkunst. Diego Rivera, José Clemente Orozco und David Alfaro Siqueiros, die »großen Drei« des »Muralismo«, wurden mit ihren aufklärerischen Werken in öffentlichen Gebäuden zu Lehrmeistern des Volkes. Einen anderen Weg ging Rufino Tamayo (1899–1991), der auf seinen Gemälden die Farben Mexikos zum Leuchten bringt. Frida Kahlo (1907–1954) wurde mit ihren bewegenden Selbstbildnissen über 30 Jahre nach ihrem Tod zunächst zur Kultfigur der Frauenbewegung, ehe ihre Werke die internationale Kunstszene eroberten. Ihr dramatisches Leben ist inzwischen reif für Hollywood.

Zu weltweiter Anerkennung hat es längst auch Mexikos Literatur gebracht, vor allem durch Carlos Fuentes, den Meister der Erzählkunst, und den 1998 gestorbenen Literaturnobelpreisträger Octavio Paz.

Seite 22/23:
»Malerischer kann eine Küste nicht sein!« Alexander von Humboldt ließ sich zu dieser schwärmerischen Äußerung hinreißen, als er 1803 in Acapulco an Land ging. Heute genießt man diesen Blick auf die fantastische Bucht zum Beispiel bei romantischer Stimmung und einem ausgezeichneten Essen im Hotel-Restaurant Las Brisas.

Seite 24/25:
Ab in die Fluten! Die Strände von Cancún sind im Norden durch die vorgelagerte Isla Mujeres geschützt, an der Ostküste können Wellen und Strömungen das Baden zeitweise einschränken.

SÜDEN UND SÜDOSTEN

Uxmal ist kleiner als Chichén Itzá, aber nicht minder schön. Aus dichtem Buschwald ragen die Bauten der Mayastadt hervor, die zwischen dem 6. und 10. Jahrhundert entstanden ist. Einzigartig in der Mayawelt ist die Pyramide des Zauberers (Pirámide del Adivino).

Größer können die Gegensätze kaum sein: Hier die »indianischsten« Regionen Mexikos, wo auf den Märkten mehr zapotekisch oder Maya als spanisch zu hören ist, dort, an traumhaften Küsten, die luxuriösesten Ferienhotels des 21. Jahrhunderts – und mittendrin, zum Teil noch vom Dschungel überwuchert, die faszinierenden Überreste jahrtausendealter Kulturen.

In den gebirgigen Bundesstaaten Oaxaca und Chiapas, im von Sümpfen durchzogenen Tabasco und auf der flachen Halbinsel Yucatán sind etwa ein Drittel der Bevölkerung Indígenas. Nahezu unverändert durch die Zivilisation lebt im dichten Regenwald das kleine Maya-Volk der Lacandonen.

Die charmanten Kolonialstädte Oaxaca, San Cristóbal de las Casas, Campeche und Mérida sind Ausgangspunkte zur Erkundung der präspanischen Vergangenheit. Sorgfältig restaurierte Anlagen sind die Zapoteken-/Mixtekenstädte Monte Albán und Mitla sowie die Mayastädte Palenque, Yaxchilán, Bonampak und Toniná in Chiapas, Chichén Itzá, Uxmal und Ek Balam in Yucatán, Edzná und Calakmul in Campeche oder das ummauerte Tulum hoch über der Karibik in Quintana Roo.

Oaxaca hat mit Huatulco an stillen Buchten der Pazifikküste einen reizvollen Badeort. Doch Mexiko-Besucher »fliegen« auf die Karibik, die für jeden etwas zu bieten hat: Cancún, die perfekt geplante Ferienstadt, die ruhigen Inseln Isla Mujeres und Cozumel, die Riviera Maya mit versteckten Hotels und dem lebhaften Badeort Playa del Carmen und weiter südlich die Costa Maya, die erst noch erschlossen wird. Unberührte Natur ist überall zum Greifen nah: das Große Mayariff mit einer einzigartigen Unterwasserwelt oder das Biosphärenreservat Sian Ka'an, das seltenen Tieren Lebensraum bietet, dazu Lagunen und Sümpfe, in denen sich die buntesten Vögel tummeln.

Linke Seite:
El Castillo in Chichén Itzá gilt als steinernes Abbild der kosmischen Ordnung. Ausgerichtet auf die vier Himmelsrichtungen führen auf allen vier Seiten der Pyramide jeweils 91 Stufen hinauf zum Tempel des Kukulcán, der »Gefiederten Schlange«. Die Zahl aller Stufen plus die oberste Plattform addiert, ergibt 365 und entspricht der Anzahl der Tage im Jahr. Zur Tag- und Nachtgleiche (21. März/ 21. September) ereignet sich ein eigenartiges Phänomen. Licht und Schatten lassen auf der Westseite der Nordtreppe, deren Fuß zwei große Schlangenköpfe markieren, den Eindruck entstehen, als krieche eine Schlange vom Tempel hinunter.

Links oben:
Der Schlangenkopf mit aufgerissenem Rachen ist wichtiges Symbol in Chichén Itzá, wo dem Gott der gefiederten Schlange, Kukulcán, ein eigener Tempel geweiht ist.

Links unten:
Kaum ein Stein blieb unbehauen in Chichén Itzá. Die Maya waren hervorragende Steinmetze und Bildhauer. In Skulpturen, Reliefs, Türstürzen und Stelen haben sie ihre Geschichte in Bildern und in Schriftzeichen festgehalten.

Unten:
Schwierig ist der Aufstieg zur Kukulcán-Pyramide in Chichén Itzá auf den steilen und schmalen Stufen. Man sucht mit den Händen Halt und geht möglichst schräg.

Rechts oben:
Eine Chacmool-Figur bewacht den Eingang zum Templo de los Guerreros. Dahinter strecken zwei Schlangenskulpturen – den Kopf am Boden – die Schwänze in die Luft.

Rechts Mitt
Kreisrund ist der Ceno Sagrado, der heilige Ceno von Chichén Itzá, a dessen Tiefen Tauch Anfang des 20. Jahrhu derts Tausende von kos baren Opfergaben holte.

Rechts unten:
El Caracol, das Schneckenhaus, in Chichén Itzá verdankt seinen Namen einem spiralförmig gewundenen Gang im Innern. Eine Beobachtungskammer auf der Kuppel des Rundbaus diente vermutlich als Observatorium.

Seite 32/33:
Aufstieg zu den Göttern. Ein typischer Mayabogen mit Kraggewölbe rahmt hier optisch die 35 Meter hohe Pyramide des Zauberers in Uxmal ein.

BEVOR DIE SPANIER KAMEN -

Die Maya weisen unter den präspanischen Kulturen mit über 3000 Jahren die längste Kontinuität auf und erreichten die größte geografische Ausdehnung. Die Blütezeit dieser Hochkultur lag zwischen 100 und 900 n. Chr. Als die Spanier kamen, waren die großen Machtzentren bereits zerfallen, doch die Maya leisteten erbitterten Widerstand – 20 Jahre länger als die Azteken im Hochland. Heute leben in der Welt der Maya etwa sieben Millionen Nachfahren.

Die Maya wussten astronomische Berechnungen anzustellen und konnten Sonnen- und Mondfinsternisse voraussagen; sie führten die Null als Stellenwert in der Mathematik ein, entwarfen einen exakten (Sonnen-)Kalender, den sie mit einem Ritualkalender in Einklang brachten, und entwickelten ein komplexes Schriftsystem. Ihre Städte waren durchgeplante Anlagen und wurden von Künstlern ausgestattet mit Wandmalereien, Stuck und Steinarbeiten. Bemalte Tongefäße sowie detailgetreue Figuren geben Einblick in den Alltag und Auskunft über Zeremonien zu Ehren der Götter. Inschriften auf Stelen, Türbalken oder Gefäßen, die erst seit kurzem gelesen werden können, erzählen von Thronbesteigungen und Erbfolgen, von Siegen, Gefangenen und Niederlagen. Den Niedergang ihrer Kultur haben sie vermutlich selbst herbeigeführt, durch Kriege und/oder die Zerstörung ihrer Umwelt. Zu den grandiosen Hinterlassenschaften der Maya zählen Städte wie Palenque, Yaxchilán, Uxmal oder Chichén Itzá und unzählige Kunstwerke in den Museen des Landes.

DIE MUTTERKULTUR MESOAMERIKAS

Die Olmeken (1200–100 v. Chr.) gelten als die »Mutterkultur Mesoamerikas«. Sie experimentierten mit Kalender und Schrift und legten Grundsteine für Götter und Glauben der nachfolgenden Kulturen. Kunst und Wissen verbreiteten sie durch eifrigen Handel. Von den Zeremonialanlagen La Venta und San Lorenzo ist nicht viel erhalten, umso mehr beeindrucken die einzigartigen Kolossalköpfe aus Vulkangestein, die vermutlich Porträts ihrer Herrscher darstellen. Die Olmeken – den Namen »die aus dem Kautschukland« erhielten sie erst von ihren

Entdeckern im 20. Jahrhundert – sind auch Schöpfer winziger Jadefiguren, die unter anderem in Costa Rica gefunden wurden. Einfluss hatten die Olmeken auch in der frühen Phase von Monte Albán. Vor allem die »danzantes« genannten Steinreliefs weisen charakteristische olmekische Züge auf. Monte Albán wurde zwischen 350 und 800 n. Chr. von den Zapoteken zu einem mächtigen Zentrum in Südmexiko ausgebaut. Etwa 400 Jahre später übernahmen die Mixteken die zapotekischen Bauwerke, schmückten sie mit Wandmalereien und hinterließen kostbare Grabbeigaben, unter anderem aus Gold und Alabaster.

Mächtigster Ort in Zentralmexiko, dessen Einfluss im Süden und Südosten bis in die Maya-Region reichte, war Teotihuacán (100 – 700 n. Chr.). Bis zu 120 000 Menschen lebten und arbeiteten in dieser Metropole, deren Überreste noch heute überragt werden von den gewaltigen Bauwerken der Sonnen- und der Mondpyramide. Die Azteken ernannten viel später die verlassene Stadt zum Ursprung ihrer Götter: »der Ort an dem die Menschen zu Göttern werden«.

Links oben:
An der Golfküste nahe Poza Rica verbergen sich im tropischen Dschungel die eindrucksvollen Ruinen von El Tajín, in der klassischen Epoche wichtigstes Zentrum der Veracruz-Kultur.

Links:
Die Schriftzeichen de Zapoteken sind – and als die der Maya – no kaum entziffert, um s mehr gibt ihre Bilder-sprache Auskunft übe Machtverhältnisse un Lebensweise. Die bes

Auf den Untergang Teotihuacáns folgten im zentralen Hochland diverse Stadtstaaten wie Xochicalco, Cacaxtla oder Cantona, an der Golfküste wurde El Tajín zur wichtigsten Stadt der Veracruz-Kulturen. Im 10. Jahrhundert setzten die Tolteken neue Kultur-Maßstäbe. Kriegerstatuen in voller Rüstung, der zurückgebeugte Götterbote Chac-Mool, in Stein gehauene Adler, Jaguare und Totenschädel finden sich auch bei den Maya im weit entfernten Chichén Itzá und später bei den Azteken.

Die Azteken, die letzte der präspanischen Hochkulturen, lassen sich um 1325 auf einer Insel im Texcoco-See nieder und gründen die Hauptstadt Tenochtitlán. Innerhalb von 200 Jahren werden sie zur einflussreichen Großmacht. Sie zwingen auf Eroberungszügen zahlreiche Nachbarvölker zu Tributleistungen und versammeln die besten Künstler am eigenen Hof. Ihr Alltag folgt den strengen Regeln der Götter. Dazu gehören Menschenopfer, um etwa die Sonne auf ihrer Umlaufbahn zu halten. Dieses blutige Ritual entsetzte die christlichen Eroberer, die – nicht minder grausam – die prächtige Stadt Tenochtitlán dem Erdboden gleichmachten.

erhaltene Stele war 1992 in Monte Albán, Oaxaca, gefunden worden.

Oben:
Ungewöhnlich für repräsentative Mayabauten ist die Pyramide des Zauberers in Uxmal. Der ovale Grundriss ist den Mayahütten nachempfunden, wie sie auch heute noch bewohnt werden.

Rechts oben:
Sayil ist eine kleinere Mayastätte in der nach den umliegenden Hügeln benannten Puuc-Region nahe Uxmal. Ein Meisterwerk der Baukunst ist der dreistöckige, 80 Meter lange Palast.

Rechts unten:
Als die Spanier kamen, rissen sie die heidnischen Tempel ein – und errichteten mit denselben Steinen ihre Kirche, so auch in Mitla. Erhalten blieb ein palastähnlicher Gebäudekomplex.

Rechts:
Blick vom Nonnenviereck auf die Westseite der Pyramide des Zauberers in Uxmal, der zwischen dem 6. und 10. Jahrhundert entstandenen Mayastadt.

Rechts:
Die durchbrochenen spitzen Giebel, die mit ihren Nischen an einen Taubenschlag erinnern, gaben diesem Gebäude in Uxmal den Namen Taubenhaus, Palomar. Ähnlich sehen die Dachkämme zahlreicher Kirchen in Yucatán aus.

Rechte Seite:
Chac, der Regengott, wurde im wasserarmen Norden der Halbinsel Yucatán besonders verehrt. Immer wieder stößt man, wie hier in Uxmal, auf Masken des Gottes, der durch eine stilisierte Rüsselnase dargestellt wird.

Rechts:
Leuchtend gelb mit weißen Kontrasten sind nahezu alle Gebäude in Izamal gestrichen, einem Städtchen auf halbem Weg zwischen Mérida und Chichén Itzá. Ein Arkadengang mit 75 Bögen schließt das riesige Atrium des Klosters San Antonio de Padua ein, das Bischof Diego de Landa im 16. Jahrhundert auf einer zerstören Pyramide errichten ließ.

Unten:
Die Wandgemälde des yucatekischen Künstlers Fernando Castro Pacheco im Gouverneurspalast in Mérida schildern dramatische Szenen der Geschichte Yucatáns.

Oben:
Die Hafenstadt Progreso, 35 Kilometer nördlich von Mérida, ist beliebtes Ausflugsziel und Sommerfrische für die Einwohner Méridas. Am breiten Strand weht immer eine frische Brise; die Restaurants an der Promenade servieren köstliche Fischgerichte. An der weit ins Meer hinaus reichenden Mole legen auch Kreuzfahrtschiffe an.

Links:
Maurische Bögen zieren das Rathaus von Mérida am Hauptplatz, der Plaza Mayor oder kurz Parque genannt wird. Gleich daneben schließt sich ein modernes Kulturzentrum an, das den Baustil aufnimmt.

Links oben:
Weißer Sichler im sumpfigen Unterholz in Chiapas. Reiher, Kraniche, Kormorane, Prachtfregattvögel sind weitere Wasservögel, die man im Süden Mexikos vielerorts beobachten kann.

Links Mitte:
Ein aufregendes Naturschauspiel bieten die Wasserfälle von Agua Azul (blaues Wasser) in Chiapas, auf halbem Weg zwischen San

Cristóbal und Palenque. Ein breiter Fluss stürzt über mehrere Kalksteinstufen, bildet natürliche Wasserbassins und lädt zum erfrischenden Bad ein.

Links unten:
Ein Kaiman tummelt sich in Xcaret, nicht in dem bei Besuchern beliebten unterirdischen Fluss, sondern in einem Becken des Zoos.

Unten:
Cenotes sind unterirdische Wasserlöcher, die durch den Einsturz der Kalksteindecke entstanden sind. Früher dienten sie der Wasserversorgung oder rituellen Zwecken, heute laden einige wie der Cenote Xkeken (auch Dzitnup genannt) zum Schwimmen und Tauchen ein.

Links:
30 Meter fallen die Kaskaden von Misol-Ha über einen Felsrand in einen kreisrunden Teich, in dem man baden kann. Ein Naturpfad hinter dem Schleier ermöglicht reizvolle Durchsichten.

Linke Seite oben:
Der Jaguar, heiliges Tier der Olmeken und der Maya, ist in freier Wildbahn kaum anzutreffen. Im Zoo von Tuxtla Gutiérrez, im Parque La Venta in Villahermosa oder in Xcaret an der Riviera Maya ist der König der Raubkatzen zu bewundern.

Linke Seite, links Mitte:
Diese drolligen Nasenbären, »pizotes«, fühlen sich im Parque Zoológico Regional in Tuxtla Gutiérrez, Chiapas, wohl.

Linke Seite, links unten:
Der Regenbogentucan ist ein Regenwaldbewohner und von Tabasco über Chiapas bis Yucatán heimisch.

Linke Seite, rechts unten:
Der rotblaue Ara, Guacamaya, ist in Freiheit selten geworden. Nur noch in Zoologischen Gärten trifft man sicher auf die bunt gefiederten Exemplare.

Seite 44/45:
Die Lage mitten im Regenwald von Chiapas macht Palenque – links der Sonnentempel, Templo del Sol – zu einer der faszinierendsten archäologischen Stätten Mexikos. In klassischer Zeit war Palenque eine der bedeutendsten Mayastädte.

Linke Seite:
In Stil, Größe und Form einzigartig sind die Masken aus frühklassischer Zeit (5. Jahrhundert) am Templo de los Mascarones in Kohunlich im Süden der Yucatán-Halbinsel, im Bundesstaat Quintana Roo. Die Masken – fünf von ursprünglich acht sind noch erhalten – repräsentieren den Sonnengott Kinich-Ahau.

Links:
Die Anlage von Xpuhil ist im so genannten Río Bec-Stil erbaut, der nach einer schwer zugänglichen Stätte im Süden Yucatáns benannt wurde. Ihn kennzeichnen massive Mauern, imposante Strukturen und hohe Scheintürme.

Links:
Dichter Regenwald und Palmen umgeben die Ruinen von Kohunlich. Wer die Tier- und Pflanzenwelt intensiv erleben möchte, kann sich im Hotel The Explorean einmieten und luxuriös eine Nacht im Dschungel verbringen.

Seite 48/49:
Nicht die größte, nicht die bedeutendste und doch für viele Besucher die schönste Mayastadt – Tulum – trumpft mit seiner einzigartigen Lage hoch über der Karibik auf. Die Festungsstadt ist zur Landseite von einer Mauer begrenzt.

Rechts:
Der Strand von Playa del Carmen ist so breit, dass Sportler und Sonnenanbeter gemeinsam Platz haben. Das einstige Fischerdorf hat sich vom Geheimtipp zum lebhaften Badeort entwickelt und zieht vor allem junge Leute an.

Unten:
Puerto Morelos, zwischen Cancún und Playa del Carmen, hat bisher den großen Boom an sich vorüber ziehen lassen. Fischer bringen mit ihren Booten Taucher und Schnorchler zum vorgelagerten Riff.

Oben:
Xcaret ist ein Freizeitpark der ganz besonderen Art. Natürliche Attraktion ist ein unterirdischer Fluss, der mehrere Cenotes miteinander verbindet. Eine sanfte Strömung treibt Schwimmer und Schnorchler voran.

Links:
Herausforderung zu sportlichen Aktivitäten oder zum Nichtstun: die tiefblaue Karibik bei Cancún.

Seite 52/53:
Ein stilles Binnengewässer ist die Laguna de Bacalar nahe Chetumal, der Hauptstadt von Quintana Roo. Der 50 km lange und zwei km breite See wird auch Laguna de Siete Colores genannt, weil er mindestens siebenmal die Farbe wechselt, von helltürkis bis nachtblau.

Unten:
Puerto Escondido an der Pazifikküste von Oaxaca ist ein traditioneller Fischerort mit Ambitionen zum Badeort. Während an der Bahía Principal Fischerboote in ruhigem Wasser schaukeln, zieht es erfahrene Surfer zu den Riesenwellen an die Playa Zicatela.

Rechts oben:
Kinder spielen mit Muscheln am Wasser. Noch haben nicht viele ausländische Besucher den »verborgenen Hafe Puerto Escondido entdeck Meist bleiben die Einhe mischen an den Strände unter sic

Rechts Mitte:
Im Hafen von Santa Cruz Huatulco, rund 100 Kilometer östlich von Puerto Escondido, warten Ausflugsboote auf Kunden. Neun Buchten umfasst die Küste von Huatulco in dieser neu erschlossenen Ferienregion.

Rechts unten:
Felsen zum Klettern, hohe Wellen zum Surfen, stille Buchten zum Schwimmen, an der über 8000 Kilometer langen Pazifikküste Mexikos findet jeder seinen »Traumstrand«.

Unten:
Alejandro aus Puerto Escondido nutzt wie viele seiner Nachbarn das Pferd als Fortbewegungsmittel. Von den gut ausgebauten Hauptstraßen abgesehen, sind viele abgelegene Dörfer nur über Feldwege zu erreichen – und nach heftigem Regen manchmal auch gar nicht.

Links:
Gelbe Landschaft unter einem weiten blauen Himmel in der Umgebung von Yanhuitlán – 120 Kilometer nordwestlich von Oaxaca. In Yanhuitlán bauten die Dominikaner-Missionare eines von mehreren Klöstern der Mixteca Alta genannten Bergregion, dem einstigen Kerngebiet der Mixteken.

Seite 58/59:
Monte Albán, die bedeutendste Stadt der Zapoteken, thront auf einem Berg 400 Meter hoch über der Stadt Oaxaca. Um ihr Zeremonialzentrum zu errichten, trugen die Zapoteken eine ganze Bergkuppe ab für einen 200 mal 300 Meter großen Platz, um den sich die wichtigsten Bauten gruppieren.

EIN FEST DER FARBEN

Bonbonrosa erstrahlen die Wände, von der Decke leuchtet es sonnengelb und meerblau sind die Fenster umrahmt: Mexikos Architekten lieben lebhafte Kontraste. Ähnlich farbenfroh gestalten die Mexikaner ihr Leben bis in die Alltagskunst hinein. Ob Kindergeburtstag oder Hochzeit, ob ein Fest für einen katholischen Heiligen oder einen politischen Helden vergangener Epochen: fröhliche Farben und fantasievolle Dekorationen gehören selbstverständlich dazu – auch zur klassischen Fiesta Mexicana.

Papiergirlanden aus farbigem Seidenpapier markieren den Festplatz. Kunstvolle Blumen-Gestecke, flirrende Kerzen und glitzernde Gläser schmücken die Tische. Ein Fest für die Augen – noch vor dem Gaumen – ist die Inszenierung eines mexikanischen Buffets. Zu den mitreißenden Klängen von Mariachi-Musikern wirbeln Tänzer und Tänzerinnen über die Bühne – eine rasante Reise durch das Folklore-Repertoire der unterschiedlichen Regionen in prachtvollen Kostümen, mal indianisch, mal spanisch geprägt. Höhepunkt eines großen Festes ist ein Feuerwerk. Da werden nicht nur Leuchtraketen in den Himmel geschossen, die sich zu Blüten auffächern und im Sternenregen verglühen. In mühsamer Kleinarbeit werden spezielle Türme errichtet und mit Feuerwerkskörpern ausgetüftelt präpariert. Unter schnellen Drehungen werden sie gezündet und simulieren dabei etwa einen Wasserfall oder malen Bilder und Schriftzeichen in die Luft, ein glühendes »bienvenidos« zum Beispiel.

Auf den Märkten wiederholt sich das farbenfrohe, mit viel Geschmack arrangierte Bild. Da werden Früchte und Gemüse nicht einfach gestapelt. Chilis, Limonen, Zwiebeln

Links oben:
Eine Galerie in San Miguel Allende hat ihr hübsches Firmenschild aus Ton gebrannt.

Oben:
Mexikanische Volkskunst, »arte popular«, hält vielfach Szenen aus dem Alltag oder aus der Bibel fest, wie auf diesem »Arbol de la Vida«, dem Baum des Lebens.

Rechts oben:
Mit ruhiger Hand geben die beiden Keramikmaler in einem Dorf in Michoacán ihren Gefäßen den letzten Schliff.

Rechts unten
Weben wie die alte Maya. Der Handweb stuhl, der an einem End um die Hüfte gebunden am anderen an eine Haken gehängt wird fand schon in vorspani scher Zeit Verwendun

UND DER FANTASIE

oder Tomaten sind liebevoll aufgeschichtet zu Pyramiden und farblich aufeinander abgestimmt. Dazwischen sind Melonen oder Ananas zum Anbeißen verlockend aufgeschnitten.

ARTE POPULAR UND ARTESANÍA

Verführerisch auf Mexikos Märkten ist auch die Vielfalt an typischen Souvenirs. Beinahe in jedem Dorf haben sich die Bewohner auf bestimmte Materialien, Formen, Techniken und Motive spezialisiert. Besonders groß ist die Auswahl in den Bundesstaaten Oaxaca, Puebla und Michoacán. Ob Papier oder Kupferblech, Holz, Baumrinde oder Ton, Federn, Fasern oder Wolle – es gibt kaum ein Material, aus dem sich nicht hübsche Gebrauchskunst, »arte popular«, oder effektvolles Kunsthandwerk, »artesanía«, herstellen ließe.

Webstuhl und Töpferscheibe wurden von den Kolonialherren eingeführt, doch gewebt und getöpfert haben schon die Maya und Azteken. Viele Muster haben präspanischen Ursprung, besonders auf den Stick-

und Webarbeiten aus Chiapas und Yucatán finden sich ähnliche Verzierungen wie auf Maya-Pyramiden. Noch immer ohne Töpferscheibe wird die schwarze Keramik aus Oaxaca (San Bartolo Coyotepec) hergestellt und manche Indígena-Frau benutzt zum Weben eines »rebozo«-Schals lieber den Hüftwebgurt, den man überall einsetzen kann. Im Lauf der Zeiten wurden ständig neue Stücke erfunden und immer wieder an wechselnde Moden und Geschmäcker angepasst. Haben die Teppichweber von Teotitlán del Valle bei Oaxaca jahrelang Picasso oder Miró perfekt auf den Webstuhl übertragen, so mussten sie in jüngster Zeit auch Gemälde von Diego Rivera kopieren.

Die Tarahumara-Indígenas im Norden, die mit flinken Fingern feste Körbe aus stacheligen Binsen flechten, haben ihr Angebot um Ketten aus Bohnenkernen und holzgeschnitzte Puppen erweitert. In Chiapas tragen die traditionellen Wollpüppchen nun bevorzugt die Uniform der Zapatisten. Aus Guerrero stammen uralte bemalte Holzmasken, die ursprünglich bei zeremoniellen Tänzen Verwendung fanden. Daneben finden sich lebhafte Alltagsszenen, in naiver Malerei festgehalten auf Amate-Papier oder auf Tongefäßen. Kunterbunt bemalt sind auch die fantasievollen Fabelwesen, »alebrijes«, die in Mexiko-Stadt aus Papiermachée geformt, in Oaxaca aus leichtem Holz geschnitzt werden. Nur für eine Nacht, in der »noche de los rábanos«, haben die originellen Radieschenfiguren ihren Auftritt, die von den Schnitzmeistern Oaxacas zu witzigen oder skurrilen Szenen aus extra groß gezüchteten Radieschen gestaltet werden.

Die Silberschmiede von Taxco sind längst den Weg vom Kunsthandwerk zu modernem Design gegangen. Ihre Schmuckstücke können sich in jedem Juweliergeschäft der Welt sehen lassen.

und ist heute noch wegen seiner flexiblen Einsatzmöglichkeiten beliebt. Diese Tzotzil-Indígena aus Zinacantán in Chiapas webt in den traditionellen Farben ihres Dorfes.

Ganz rechts oben: *San Miguel de Allende in Guanajuato hat besonders große Anziehungskraft auf Künstler. Auch Einheimische wie Teresa und Gabriel Hernandez Santoyo bringen ihre Gemälde an den Käufer.*

Unten:
Markt vor der Kirche in San Juan Chamula, Chiapas. Sonntags kommen die Indígenas aus den umliegenden Dörfern, um ihre Waren anzubieten und selbst einzukaufen.

Rechts oben:
Kinderwagen brauchen Indígena-Frauen in ganz Mexiko nicht. Sie binden die Kleinsten und auch noch größere Kinder wie hier in San Cristóbal de las Casas in einem breiten und langen Schal, den »rebozo«, auf den Rücken. Das gibt den Kindern die Nähe und Wärme der Mutter und hält ihr die Hände frei für andere Dinge.

Rechts Mitte:
Kühle Getränke, eine frisch zubereitete Mahlzeit oder auch Gemüse, Früchte und Bohnen zum Selberkochen – in der Tienda von Doña Panchita in San Cristóbal de las Casas gibt es alles, was man so braucht.

Rechts unten:
Eine junge Frau aus Zinacantán, Chiapas, trägt ihre Festtagstracht. Das Tuch im Hintergrund nimmt Farben und Muster auf.

inke Seite:
is zu 1000 Meter fallen ie Steilwände in den añon de Sumidero ab. ief unten hat sich der Río Grijalva sein Flussbett gegraben. Die Bergwelt ist Nationalpark mit herrlichen Aussichtspunkten.

Unten:
Pomona heißt eine kleinere Mayastätte im Süden von Chiapas nahe Comitán, die erst in jüngster Zeit ausgegraben wurde.

ben:
eißer Habicht (Leucoprnis albicolis) im Zoo n Tuxtla Gutiérrez. Der Zoo wurde von Miguel Alvarez del Toro gegründet, um die letzten Exemplare der aussterbenden Tierwelt von Chiapas zu bewahren.

Oben:
Tamandua mexicana ist ein Ameisenbär, der auf Bäumen wohnt und nachts auf Beutefang geht. Sein langer Greifschwanz macht ihn beweglich, die lange, klebrige Zunge in der langen Schnauze hilft beim Fangen von Ameisen und anderen Insekten.

ZENTRALMEXIKO

Die Catedral Metropolitana in Mexiko-Stadt ist die größte Kathedrale Lateinamerikas; der Zócalo, der Hauptplatz davor, gilt als der drittgrößte Platz der Welt. Er dient als Bühne für vielerlei Auftritte, für Demonstrationen, Paraden, Ausstellungen und für Gruppen von Tänzern, die in nachempfundenen Kostümen zu aztekischen Rhythmen tanzen.

Mexiko-Stadt liegt im Herzen des Landes, auf halbem Weg zwischen Pazifik und Atlantik. Einst landeten in Acapulco die Handelsschiffe aus Asien, in Veracruz wurden die Waren wieder eingeschifft für die Weiterfahrt nach Europa. Dazwischen, auf beschwerlichem Landweg, blieb so manches exotische Stück in Mexiko hängen, vom Seidenstoff über Porzellan bis zu Gewürzen.

Im frisch eroberten Land fanden die spanischen Kolonialherren Reichtum im Überfluss. Vor allem die Silberbergwerke von Taxco, Guanajuato und Zacatecas machten Neu-Spanien zur wohlhabendsten Kolonie des spanischen Weltreiches. Der wirtschaftliche Aufschwung schlug sich bald in der Architektur der »Kolonialstädte« nieder, die heute mit Kunstschätzen, ihrem geschlossenen Stadtbild und so manchem Luxushotel hinter historischen Mauern zu längerem Aufenthalt verführen. Das idyllische San Miguel de Allende hat große Anziehungskraft auf Künstler. Guanajuato mit winkeligen Gassen und bunt bemalten Häusern schmiegt sich in ein enges Tal. Morelia, einst Sitz des Adels und der Geistlichkeit, hat ähnlich wie Querétaro eine zurückhaltend vornehme Ausstrahlung. Auch moderne Großstädte haben kolonialen Charme bewahrt, im Westen Guadalajara, im Osten Puebla, die Stadt der Kirchen und des Volkswagens. Über Puebla erhebt sich der majestätische Vulkan Popocatépetl, der im Jahr 2000 mit einem spektakulären Ausbruch überraschte.

Wird die Golfküste wegen der Pyramiden von El Tajín, des Karnevals von Veracruz oder der Hexen von Catemaco besucht, so lockt die Pazifikküste mit viel Abwechslung in Badeorten wie Puerto Vallarta, Manzanillo, Ixtapa-Zihuatanejo oder dem legendären Acapulco. Archäologische Stätten gibt es im zentralen Hochland auch: Teotihuacán, Tula, Xochicalco, Cacaxtla sind die bedeutendsten.

$20.00
FICHAS ESPECIALES
PARA VER EN LOS
TELESCOPIOS
$2.00

Linke Seite oben:
Die Torre Latinoamericana war lange Zeit mit 182 Metern das höchste Gebäude von Mexiko-Stadt. Von der Aussichtsterrasse im 42. Stock hat man einen großartigen Blick auf die riesige Stadt und manchmal – bei klarer Luft – sogar bis zu den umliegenden Bergen, darunter im Osten die Vulkane Popocatépetl und Iztaccíhuatl.

Linke Seite unten:
Der Blick von der Torre Latinoamericana schweift über das endlose Häusermeer der mexikanischen Hauptstadt, mit über 20 Millionen Einwohnern eine der größten Städte der Welt.

Links:
Dichter Verkehr am Périférico, der Stadtautobahn, vor den bunten Türmen von Satélite. Die Torres de Satélite, von dem Bildhauer Matthias Goeritz und dem Architekten Luis Barragán gemeinsam entworfen, sind Wahrzeichen des Stadtteils im Nordwesten.

Unten:
Blick von der Torre Latinoamericana auf den Zócalo mit der Nationalflagge in der Mitte, die täglich feierlich gehisst wird. Dahinter erstreckt sich, 200 Meter lang, der Nationalpalast, an derselben Stelle, an der einst der Aztekenherrscher Moctezuma residierte. Der Eroberer Hernán Cortés ließ dessen Palast schleifen und errichtete auf den Trümmern den Palast der Vizekönige, der mehrmals um- oder wieder aufgebaut wurde und heute Amtssitz des Präsidenten ist.

Rechts oben:
Am Paseo de la Reforma – hier an der Metrostation Hidalgo – treffen Geschichte und Moderne aufeinander. Hochhäuser und Glaspaläste säumen den Boulevard, den Kaiser Maximilian Ende des 19. Jahrhunderts anlegen ließ. Von den Bürgerhäusern jener Zeit sind nur noch wenige erhalten.

Rechts Mitte
Eine Oase im Centro Histórico ist das Restauran Sanborns in der 40(Jahre alten Casa de lo Azulejos. Hier machter schon die Revolutionshelden Pancho Villa und

Emiliano Zapata Kaffee ›ause, bevor sie den Prä- ›identenpalast, damals das Castillo de Chapultepec, ›innahmen. Romantische Vandmalereien erinnern an die gute alte Zeit.

Rechts unten:
Im Stau verdient sich so mancher seinen Lebensunterhalt. Fliegende Händler verkaufen Nützliches oder Überflüssiges, Straßenkünstler, vor allem Kinder unterhalten als Clowns, Jongleure, Akrobaten, Feuerschlucker oder putzen die Windschutzscheiben in der Hoffnung auf paar Pesos.

Unten rechts und links:
Im Treppenhaus und auf einer Galerie im Nationalpalast hat Diego Rivera, einer der »großen Drei« der mexikanischen Wandmalerei, mit seinen Murales zur Geschichte des Landes Meisterwerke hinterlassen. Vor allem den vorspanischen Kulturen hat er ein würdiges Denkmal gesetzt.

Rechts:
Zehn Stockwerke hoch ist der Bücherturm, die Zentralbibliothek der Universität UNAM, den Juan O'Gorman vollständig mit einem Natursteinmosaik bedeckt Die Nationaluniversit wurde 1950–195 erbaut; heute sind mel als 350000 Studente eingeschrieben

Rechte Seite, Mitte links:
Das Polyforum Siqueiros ist das Meisterwerk von David Alfaro Siqueiros, neben Rivera und José Clemente Orozco der dritte bedeutende Muralist. Das Gebäude am Fuße des World Trade Center wird auch als Theater und für Kongresse genutzt.

Rechte Seite, Mitte und unten rechts:
»Theater in Mexiko« ist das Thema des Mosaiks von Diego Rivera, das die Fassade des Teatro Insurgentes bedeckt. Porträtiert sind Persönlichkeiten aus der Theatergeschichte des Landes. Das Detail aus Diego Riveras Theater-Mosaik zeigt ein Tanzpaar bei einem Volkstanz (unten).

Rechte Seite, unten links
Das Museo Frida Kahl wurde im »blauen Haus« dem Wohnhaus de Künstlerin in Coyoacán eingerichtet. Die Räum sind nahezu unverändert besonders reizvoll ist di Küche und der hübsch Garten mit einer Samm lung präspanische Skulpturen

PLUS
ULTRA
PTOLOMEO
COPERNICO

ristian Bach
DE LA MUJER ARAÑA
Mario Iván Martínez
Tomás Goros
Eduardo Liñán

MUSEO
FRIDA KAHLO

Das Museo Nacional de Antropología in Mexiko-Stadt gehört zu den faszinierendsten Museen der Welt. Der Rundgang im Anthropologischen Nationalmuseum gleicht einer Reise zu allen vorspanischen Kulturen, die mit ihren Mythen und Meisterwerken präsentiert werden.

Blick in die Abteilung der Golfküste mit einem der geheimnisvollen Kolossalköpfe, die bis zu 20 Tonnen schwer sind. Mit welchen Werkzeugen das vulkanische Gestein bearbeitet und wie die Steine transportiert wurden, ist unbekannt.

Hier fällt der Blick in den Saal, in dem Ausstellungsstücke aus der Umgegend von Oaxaca versammelt sind.

Dieses Relief der Olmekenkunst mit der Darstellung eines Priesters und einer Schlange stammt aus der Zeit um 700 v. Chr.

Tarahumara-Männer tragen einen kurzen Lendenschurz, langärmelige Hemden und gehen barfuß. Männer sieht man heute – außer an Festtagen – kaum noch in traditioneller Tracht.

Tarahumara-Frauen bevorzugen kräftige Farben, tragen lange weite Röcke, dazu eine weite Bluse und gegen die Kälte einen »rebozo«. Sie halten auch im Alltag an der traditionellen Kleidung fest.

Bilderhandschriften der Azteken, Codices, dienten als Vorlage für die Kostüme von Tänzern und Musikern, die auf dem Zócalo von Mexiko-Stadt an die Kultur ihrer Vorfahren erinnern und die aztekische Trommel »huehuetl« schlagen.

Traditionelle Tracht der Voladores, der »fliegenden Menschen« von Papantla. Ursprünglich war ihre waghalsige Kunst ein Fruchtbarkeitskult zum Frühlingsanfang.

anz der Voladores: uf der Spitze eines etwa 0 Meter hohen Mastes nimmt ein Flötenspieler Platz, unter ihm auf einer winzigen Plattform warten vier Männer auf ihren Einsatz. An einem Seil, das sich langsam abrollt, sind sie mit dem Mast verbunden. Sie schweben gleichsam zur Erde, kopfüber in 13 Umdrehungen. Vier mal dreizehn ergibt die Zahl 52, die dem Kalenderzyklus eines »Jahrhunderts« entspricht.

MOLE, SALSA UND

Etwas Salz auf den Handrücken zwischen Daumen und Zeigefinger geben, das Salz ablecken, den Tequila hinunterstürzen, in eine Limonenspalte beißen, um den Gaumen frei zu machen für den nächsten »Schuss«: Das Ritual wiederholt sich in jedem Hollywood-Film über Mexiko. Der Kenner in Mexiko jedoch genießt seinen Tequila wie der Franzose seinen Cognac, pur und schlückchenweise.

Tequila, Mexikos Nationalgetränk, ist international in Mode gekommen. Seither ist der Branntwein aus der blauen »Agave tequilana weber« in Mexiko knapp und teuer geworden. Auf Qualität achteten Tequila-Produzenten auch früher schon, doch in den Export gelangte fast nur der billige Verschnitt, gestreckt mit Zucker oder Melasse. »100 Prozent Agave« auf dem Etikett ist das beste Markenzeichen, noch vor dem Produzentennamen. Tequila wird nur im Gebiet rund um das Städtchen Tequila im Bundesstaat Jalisco produziert und in drei Varianten angeboten. Der weiße, »blanco«, frisch aus der Destillation, hat ein kräftiges Aroma und eignet sich auch hervorragend für Mixgetränke. Der goldgelbe »reposado« durfte mindestens 60 Tage im Holzfass ruhen und zergeht weich auf der Zunge. Der »añejo« ist ein bis drei Jahre im Holzfass gealtert und beendet am besten ein köstliches Mahl.

Ein alkoholisches Getränk aus der Agave wussten schon die Azteken zuzubereiten. Den honigsüßen Saft der Pflanze, »aguamiel«, ließen sie vergären zum leicht säuerlichen »Pulque«. Die Spanier führten im 17. Jahrhundert den Destillationsprozess ein. Bruder im (hochprozentigen) Geiste ist der Mezcal. So heißt jener Schnaps, der aus anderen Agavesorten und in anderen Gegenden Mexikos gebrannt wird. Am meisten verbreitet und bekannt ist der Mezcal aus Oaxaca. Der Wurm, der in manchen Mezcal-Flaschen schwimmt, ist eher folkloristische Zugabe als von geschmacklicher Bedeutung.

WÜRMER UND HEUSCHRECKEN ALS LECKERBISSEN

Würmer, Heuschrecken, Ameiseneier – wer Exotisches probieren will, hat in Mexiko durchaus Gelegenheit dazu, doch gehören diese oft teuren Leckerbissen nicht überall zum Alltag. Mais, Bohnen und Chili bilden die solide Grundlage für eine raffinierte Küche, die weitaus reicher und vielseitiger ist, als es die Tex-Mex-Restaurants hierzulande glauben machen. Jede Region hat ihre eigenen Spezialitäten, jede Zutat lässt sich in einer Fülle an Variationen zubereiten. Chilis beispielsweise gibt es in allen Größen, Formen, Farben und – Schärfegraden. Am pikantesten ist »chile habanero« aus Yucatán. Chilis werden frisch oder getrocknet, geröstet oder eingelegt verwendet, als charakteristisches Gewürz untergerührt oder als gefülltes Gemüse aufgetragen.

Unentbehrlich sind Chilis für Salsa und Mole. Salsas sind kalte Soßen, die auf dem Tisch bereitstehen und nahezu allen Gerichten eine zusätzliche pikante Note geben können.

Ganz links:
Farbenfroh und liebevoll dekoriert empfängt das Restaurant Las Chinas de Puebla seine Gäste. Regionale Spezialität ist Mole Poblano.

Links oben:
Mit schnellen Hieben seiner Hacke schlägt der »jimador« die langen und stabilen Blätter der Blauen Agave ab (oben). Nach der Ernte werden die »Ananasstücke« zerkleinert in den Ofen

Sie werden zum Beispiel aus roten oder grünen Tomaten (plus Chili, plus Knoblauch) zunächst gekocht und püriert oder roh wie Salat angemacht, etwa die nationalfarbene »salsa mexicana« aus grünen Chilis, weißen Zwiebeln und roten Tomaten, verfeinert mit Limonensaft und Korianderblättern. Moles dagegen gehören zu Hauptspeisen. Die sämige Soße bedeckt meist ein Stück Huhn oder anderes Fleisch. Fast schon Nationalgericht ist »mole poblano«, eine gehaltvolle schwarze Soße, in Puebla einst von Nonnen erfunden. Sie sollten einen überraschenden hohen Besuch verköstigen und rührten zusammen, was sich in den Vorratsschränken und im Garten fand, darunter verschiedene Chilisorten, Schokolade, Nüsse, Mandeln, Kürbiskerne und Sesamkörner. Moles gibt es in Dutzenden Versionen im ganzen Land, meist nach der dominierenden Farbe benannt: schwarz, gelb, rot oder grün. Oaxaca kennt gleich sieben Moles, für jede Tag eine andere.

Die Schriftstellerin Laura Esquivel schreibt in ihrem erfrischend ironischen Roman »Bittersüße Schokolade« dem Mole poblano und mehr noch der Kochkunst erotisierende Wirkung zu. Viele Speisen sind so aufwendig, dass sie oft nur noch zu Festen zubereitet werden. Immerhin lassen sich Mexikaner viel Zeit zum Essen: drei bis vier Stunden für ein sonntägliches Mittagessen im Kreis der Familie.

eschoben und 24 bis 36 Stunden gekocht, anschließend gemahlen, erstampft und zum Gären in einen Bottich efüllt. Nach zwei bis ünf Tagen wird der Most gefiltert und zweinal destilliert (unten).

Oben:
Mexikos Märkte sind ein Genuss für die Sinne. Die Augen erfreuen sich an verlockend aufgebauten Waren, wie hier Chilis, Bohnen und Gewürze im Mercado Alianza, in Torreón, Coahuila. Die Nase hat zu tun, die verschiedenen Gerüche und Düfte zu unterscheiden, und die Ohren nehmen ein Gewirr von Stimmen und Geräuschen auf.

Oben und unten rechts:
Der Tequila añejo ist ein bis drei Jahre im Eichenfass gereift (oben). Chilis – wie diese »chiles de arbol« – sind unentbehrlich in der mexikanischen Küche (unten).

Seite 80/81:
Die Mondpyramide von Teotihuacán erhebt sich, 45 Meter hoch, am nördlichen Ende der Calzada de los Muertos. Die breite, 2,5 Kilometer lange »Straße der Toten« verbindet die wichtigsten Gebäude der Stadtanlage.

Linke Seite oben:
Tula war zwischen 900 und 1150 die Hauptstadt der Tolteken, der kulturellen Vorfahren der Azteken im Hochtal von Mexiko. Spektakulär sind die Atlanten von Tula. Die 4,60 Meter großen Statuen zeigen in detailgenauer Darstellung die Ausstattung von Soldaten. Als Säulen trugen sie einst das Dach des Tempels des Morgensterns, der dem Gott Quetzalcóatl geweiht war.

Linke Seite unten:
Der Kopf der gefiederten Schlange, Sinnbild des Gottes Quetzalcóatl, ziert mehrfach, abwechselnd mit steinernen Masken des Regengottes Tlaloc, den Tempel des Quetzalcóatl in Teotihuacán. 1986 wurden unter dem Tempel 150 Skelette von hochrangigen Persönlichkeiten gefunden, die bei einem Opfer ihr Leben lassen mussten.

Links:
Die Gran Pirámide von Cholula, auf einer Grundfläche von 425 mal 425 Meter errichtet, war ebenfalls Quetzalcóatl geweiht und ein wichtiges Pilgerziel. Die Spanier ließen den Tempel schleifen und auf der Spitze die Kirche Nuestra Señora de los Remedios errichten. Die Westtreppe wurde wieder hergestellt, die nun scheinbar zur christlichen Kirche hinaufführt.

Linke Seite:
Blendendes Gold, prächtige Holzschnitzereien und fantasievoll bemalte Stuckfiguren schmücken das Innere der Kirche San Francisco Acatepec in der Nähe von Cholula, eines der schönsten Beispiele für den durch indianische Künstler beeinflussten Barock in Mexiko.

Unten links:
Die Fassade der Kirche San Francisco Acatepec ist über und über mit bunten Kacheln verziert, die im nicht weit entfernten Puebla hergestellt werden. Säulen und Wandpfeiler sind Elemente des churrigueresken Stils, der mexikanischen Ausprägung des Barock.

Unten:
Eine Bischofsfigur erinnert an den Schöpfer der großartigen Biblioteca Palafoxiana, von Juan Palafox 1646 eingerichtet, die eine einzigartige Sammlung von Handschriften und Erstdrucken bewahrt. Die Bibliothek wurde bei einem Erdbeben 1999 schwer beschädigt.

Oben:
Der Templo des Santo Domingo de Guzman in Puebla gehört zu den herausragenden Barockkirchen Mexikos. Der vergoldete Hauptaltar wird noch übertroffen durch die Capilla del Rosario (Rosenkranzkapelle) mit ihrer üppigen Ausgestaltung durch Kacheln und vergoldetem Schnitzwerk.

Oben rechts:
Frömmigkeit auch an der Straßenecke. Eine Statue der Virgen de Guadalupe wacht über einen kleinen Brunnen. Die Heilige Jungfrau von Guadalupe ist Schutzpatronin der Mexikaner. Ihr Fest am 12. Dezember in der Basílica de Guadalupe in Mexiko-Stadt zieht Millionen von Gläubigen an.

DÍA DE MUERTOS

Spätestens ab Mitte Oktober ist in vielen Dörfern und Städten Mexikos eine besondere Geschäftigkeit zu beobachten. Es wird geputzt und gekehrt, zu Hause und auf den Friedhöfen. Die schönsten Keramikschalen stapeln sich auf den Märkten und verdrängen, wenigstens für ein paar Wochen, die allgegenwärtigen Plastikschüsseln. Gelbe Tagetes-Blumen werden zu Girlanden geflochten oder in Büscheln verkauft. Schaufensterdekorationen wechseln: Plötzlich tauchen überall Totenschädel und Skelettfiguren auf, hübsch gekleidet und zu fröhlichen Szenen arrangiert – Vorbereitungen für den Tag der Toten »Día de Muertos«, eines der populärsten Feste in Mexiko.

In der Nacht vom 1. auf den 2. November kommen die Toten zu Besuch zu ihren Verwandten. Gelbe Blüten weisen ihnen den Weg vom Friedhof in die Häuser. Dort erwartet sie ein reich gedeckter Gabentisch mit allem, was des Lebenden Herz einst begehrte: seine Lieblingsspeisen, vor allem dampfende Mole, dazu süß duftendes Totenbrot in Form von gekreuzten Knochen, Früchte, Zigaretten und Getränke, ob Cola, Bier oder Tequila. Diese »Ofrenda« ist liebevoll geschmückt mit Blumen, Girlanden und Kerzen, mittendrin ein Foto des Verstorbenen. Mancherorts wird dessen Kleidung so aufgebaut, als wäre er mitten unter seinen Lieben. Für die Engelchen, Los Angelitos, die Seelen der toten Kinder, die eine Nacht früher erwartet werden, gibt es zusätzlich Spielzeug. Längst ist der Sensenmann nicht nur hoch zu Pferd unterwegs, er sitzt auch schon mal am Computer.

EINE FIESTA FÜR DEN TOD

Nichts Makabres haftet diesen Gaben an und auch wer von Freunden an diesem Tag mit einem Totenschädel aus Zuckerguss beschenkt wird, auf dessen Stirn womöglich mit Zuckerperlen der eigene Name geschrieben

Links oben:
Die Skelettfiguren von José Guadalupe Posada, »Calaveras«, nehmen tanzend, trinkend, musizierend allerlei schlechte Eigenschaften satirisch aufs Korn.

Oben:
Calaveras spielen Marimba. Die lebensecht gestalteten Figuren aus Papiermaché der Künstlerfamilie Linares haben es bis in internationale Ausstellungshallen gebracht.

Rechts oben
Totenköpfe überschwemmen die Märkte bereits ab Mitte Oktober. Besonders gefragt, als kleine Aufmerksamkeit unter Freunden, sind Schädel aus Zuckerguss oder Schokolade

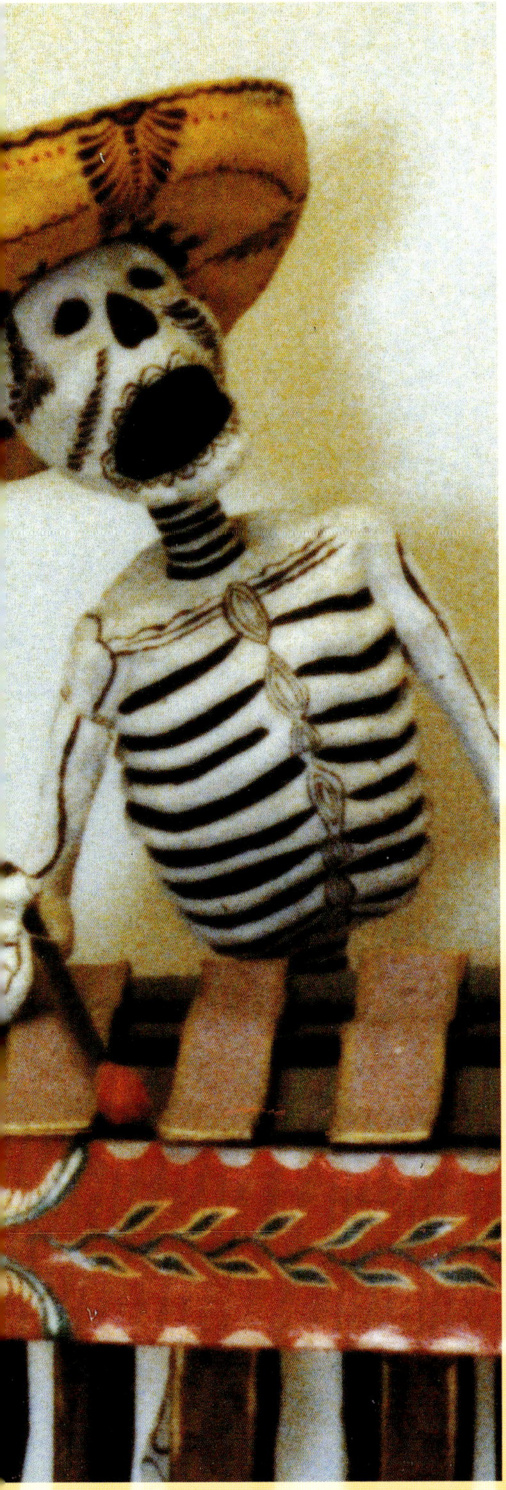

steht, muss nichts Böses befürchten. In Mexiko ist der Tod Teil des Lebens und weil der Mexikaner für sein Leben gern feiert, ist es nur naheliegend, auch dem Tod eine Fiesta auszurichten. Mit Blasmusik, Weihrauch, Speisen, Getränken, Blumen und Kerzenlicht werden die Toten am 2. November auf dem Friedhof wieder verabschiedet, bis zum nächsten Jahr. Dass der Día de Muertos mit dem christlichen Allerheiligen/Allerseelen zusammenfällt ist kein Zufall. Vergebens hatten Missionare versucht, den Ahnenkult der Indios auszulöschen. Kluge Missionare haben schließlich das Fest auf die ersten Novembertage verlegt und so die Verbindung zum christlichen Totengedenken hergestellt.

Das Leben ist mit dem Tod nicht zu Ende, glaubten die Azteken. Es geht an anderer Stelle weiter, in drei unterschiedlichen Totenreichen. Wer auf dem Schlachtfeld starb oder auf dem Opferaltar sein Herz verlor, genoss die höchsten Ehrungen – er durfte der Sonne am nächsten sein. Genauso erging es Frauen, die im Kindbett ihr Leben ließen. Wer ertrank, durch Blitzschlag getötet wurde oder an einer Seuche starb, fand Aufnahme in Tlalocan. Im Garten des Regengottes Tlaloc ging es, nimmt man ein Wandgemälde aus Teotihuacán als genaues Abbild, überaus fröhlich zu, genossen die Toten paradiesische Freuden. Normalsterbliche mussten den beschwerlichen Weg in die Unterwelt Mictlan antreten. Um diesen durchzustehen, gaben die Hinterbliebenen Wasser und Speisen und einen Hund als Führer mit ins Grab. Herrscher wurden zudem mit reichen Schätzen und manchmal mit Sklaven bestattet.

Rechts Mitte:
Mit Federboa und breitem Hut schmücken sich »Las Catrinas« zum Ausgehen am Tag der Toten, hier in einer kunstvollen Nachbildung aus Keramik.

Rechts:
Einsam baumelt die Skelettfigur neben Glöckchen für die Weihnachtsdekoration, alles aus Stroh geflochten, eine handwerkliche Spezialität von Tzintzuntzán.

In der aztekischen Kunst ist der Tod meist als Doppelgesicht dargestellt: die eine Seite kindlich strahlend, die andere zum Schädel abgemagert. In der modernen mexikanischen Kunst hat der Graphiker José Guadalupe Posada (1852–1913) den Tod zu satirischem Leben erweckt. Posada erfand die »Calaveras«, Skelettfiguren mit Totenkopf, die mit charakteristischen Attributen versehen eine Berufsgruppe oder Gesellschaftsschicht verkörpern: Bauern, Marktfrauen, Musikanten, reiche oder arme Leute, Kirchen- und Staatsvertreter. Den Toten darf man nichts Böses nachsagen, heißt es – um so mehr sagen diese Gerippe durch ihre karikaturistische Erscheinung oder in bitterbösen Begleittexten die Wahrheit über Personen und Missstände. Manche Calaveras bekamen auch Namen, so »La Catrina«, eine elegante Dame mit Federboa in der Form der aztekischen »gefiederten Schlange«, der Diego Rivera in einem seiner berühmten Wandgemälde ein Denkmal gesetzt hat.

TEL
QUETZALCOATL

Cafeteria
CAFES
PASTELES

Seite 88/89:
Arkaden am Zócalo von Cholula. Der Zócalo, Hauptplatz in allen Städten und Dörfern, ist oft gesäumt von breiten Arkadengängen, die Schutz vor Sonne oder Regen bieten. Restaurants bieten zugleich ideale Logenplätze, um das bunte Treiben auf dem Platz zu beobachten.

Linke Seite oben:
Goldgelbe Strände säumen die weite Bucht von Acapulco. Der Aufstieg zum internationalen Badeort begann Ende der 40er Jahre, als Hollywood-Stars hier ihr Paradies entdeckten.

Linke Seite unten:
Noch springen sie sich ein, die Clavadistas von Acapulco, am Fuß der Klippen von La Quebrada, dieser schmalen Schlucht, die durch die Brandung nur zeitweise genügend Wasser führt, um gefahrlos eintauchen zu können.

Links:
Aus 40 Meter Höhe stürzen sich die erfahrenen Klippenspringer von La Quebrada im richtigen Moment mit elegantem Kopfsprung in die Tiefe, bestaunt von Hunderten von Neugierigen, die von Booten oder von einer Aussichtsterrasse aus zusehen.

Rechts:
Kreuzfahrtschiffe gehen in Acapulco regelmäßig vor Anker und überragen nahezu auch die höchsten Gebäude.

Recht
Wild und einsam brand der Pazifik an die tropis grüne Küste bei Petatl nordwestlich von Acapul nahe Zihuatanejo i Bundesstaat Guerrer

Ganz recht
Die Lagune Cuyutlan na Manzanillo im Bunde staat Colima, von Palm gesäumt, ist ein Paradi für Wasservög

Oben:
Blick vom Hotel Costa Club auf den breiten goldfarbenen Strand, der die weite Bucht säumt. In Acapulco baute man in den 60er und 70er Jahren vor allem in die Höhe, um entlang des Küstenboulevards Costera Miguel Alemán Platz zu sparen.

Rechts:
Auch im modernen Acapulco gehen Fischer ihrer traditionellen Arbeit nach. Über sechs Millionen Besucher im Jahr wollen verköstigt werden.

Seite 94/95:
Mit herrlichen Farben versinkt die Sonne bei Ixtapa, einem kleinen Badeort im Bundesstaat Guerrero ins Meer.

Rechts:
Der Brunnen im romantischen Patio des Instituto Allende in San Miguel de Allende im Bundesstaat Guanajuato. Die Kunstschule ist benannt nach Ignacio de Allende, der im Unabhängigkeitskampf von 1810 eine führende Rolle einnahm. Er wurde 1811 hingerichtet.

Unten:
Frisch getünchte Hausfassaden, große Fenster, mit Holz oder Stein eingefasst und mit Blumen geschmückt – das typische Bild einer Kolonialstadt. San Miguel de Allende im Bundesstaat Guanajuato ist ein besonders schönes Beispiel dafür.

Oben:
An einem steilen Hang zieht sich San Miguel de Allende empor. Steile, kopfsteingepflasterte Gassen prägen das Bild des charmanten Städtchens, in dem sich Künstler aus aller Welt niedergelassen haben.

Links:
Eine Braut auf dem Weg zur Hochzeit in der Kirche Nuestra Señora de los Dolores in Dolores Hidalgo im Bundesstaat Guanajuato. In dieser Kirche hat Pater Miguel Hidalgo am 15. September 1810 seinen berühmten »Grito de Dolores« ausgestoßen, mit dem er die Gläubigen zur Teilnahme am Kampf um die Unabhängigkeit aufrief.

Links oben:
Ein kleiner Plausch unter den Arkaden in Angahuan, Michoacán. Die Säulen sind ein Beispiel meisterlicher Steinmetzkunst der Purépecha-Indígenas. Die Dorfbewohner leben noch in den typischen Purépecha-Holzhäusern.

Links Mitte:
Auf der Insel Janitzio im Pátzcuaro-See erhebt sich weithin sichtbar die Statue von José Maria Morelos, die an den

Freiheitskämpfer aus Morelia erinnert. Im Innern gibt ein Museum Auskunft über die Stationen des Unabhängigkeitskampfes.

Links unten:
Die fantasievoll gestaltete Hausfassade in Malinalco, einem Städtchen im Bundesstaat México in der Nähe von Toluca, leuchtet in grün und gelb.

Unten:
Die Silberstadt Taxco in Guerrero klebt wie ein Adlerhorst an steilen Hängen. Die Häuser sind mit Ziegeln gedeckt, die Fassaden überwiegend weiß getüncht. Mittendrin erhebt sich die Kirche San Sebastián y Santa Prisca, eine der – außen und innen – am prachtvollsten ausgestatteten Barockkirchen Mexikos. Silber wird in den Minen nicht mehr gefördert, doch Taxcos Silberschmiede kreieren in hunderten Werkstätten edlen Schmuck und Silbergefäße.

anz links:
Veite Täler werden von ulkanischen Bergen erahmt, dichte Wälder vechseln mit Mais- und Zuckerrohrfeldern in der Landschaft von Michoacán.
inks:
Zwischen San Miguel de Allende und León breitet ich El Bajío in Guana-uato aus. Die Niederung st Mexikos Obst- und Gemüsegarten.

Unten:
Landschaft bei Cuautla im Bundesstaat Morelos mit dem Popocatépetl in der Ferne. In Morelos wird seit Cortés' Zeiten vorwiegend Zuckerrohr angebaut. Auch die Viehzucht, »ganadería«, ist von Bedeutung.

Links:
Ein Wartehäuschen der besonderen Art: Jugendliche warten auf den Bus bei San Miguel de Allende.
Seite 102/103:
Pyramide und Kirche von Cholula vor der eindrucksvollen Kulisse des Popocatépetl, der seinen Krater, aus dem jetzt oft eine Rauchfahne weht, häufig in Wolken hüllt.

DER WEITE NORDEN

Schnurgerade Straßen, links und rechts Wüste, endlose Weite und am Horizont die Berge – so präsentiert sich Mexikos Norden über Hunderte von Kilometern, hier nahe Donato Guerra.

Wüsten, so weit das Auge blickt, Sand, aufgetürmt zu gewaltigen Dünen, kahle Bergrücken, abgeholzt vor Jahrhunderten: Der Norden Mexikos ist eine riesige trockene Landmasse, dünn besiedelt, und von erstaunlicher Vielfalt. Sechs Bundesstaaten stoßen an die 3200 Kilometer lange Grenze zu den USA. Städte wie Tijuana, Mexicali, Ciudad Juárez, Reynosa und Matamoros pflegen den »kleinen Grenzverkehr« und produzieren billig für den US-amerikanischen Markt. In Richtung USA orientiert sich auch die Industriestadt Monterrey. Die drittgrößte Stadt Mexikos räumt der modernen Kunst viel öffentlichen Platz ein, während in Chihuahua gerne die verklärte Erinnerung an den Revolutionshelden Pancho Villa wach gehalten wird. In der Nachbarschaft sorgen Mennoniten, die um 1920 aus Kanada eingewandert sind, mit künstlicher Bewässerung für eine ertragreiche Landwirtschaft – und für den besten Käse in ganz Mexiko.

Zu den Naturwundern des kargen Nordens gehören die Mapimi-Senke mit urzeitlichen Echsen, die von Kratern durchsetzte Sonora-Wüste, der Nationalpark Basaseáchic mit zwei gigantischen Wasserfällen und natürlich die Barranca del Cobre mit ihren steil abfallenden Felswänden. Größte Attraktion ist hier die Eisenbahnfahrt über die Sierra Madre Occidental, um die spektakuläre Landschaft der Barranca ebenso zu bewundern wie die Meisterleistung der Ingenieurskunst. In den Bergen leben zurückgezogen, zum Teil in Höhlen, die Tarahumara-Indígenas; auf den Bahnhöfen bieten sie ihr Kunsthandwerk an.

Das fischreiche Mar de Cortes trennt Baja California vom Festland. Auf der 1300 Kilometer langen Halbinsel wechseln Wüsten, Gebirge und Oasen, breiten sich an den schönsten Küsten luxuriöse Ferienanlagen aus. Von Januar bis März ist Baja California Ziel für die aufregende Walbeobachtung.

Rechts:
Ein Kreuz an der Bahía Kino über dem Cortés-Meer erinnert an den Jesuitenpater Eusebio Francisco Kino, der in Sonora bis Anfang des 18. Jahrhunderts rund 25 Missionen gründete und damit die Voraussetzungen zur Erschließung der Region schuf.

Rechte Seite oben:
Kaktus und Meer. Der Blick schweift über den Golf von Kalifornien, auch Mar de Cortés genannt. Der Golf trennt das Festland von der Halbinsel Baja California.

Rechte Seite unten:
Nuevo Kino entstand gleich neben dem Fischerdorf Kino Viejo, dem alten Kino. Die Bahía Kino wird geschützt durch die vorgelagerte Isla Tiburón. Die Haifischinsel, lange Zeit Siedlungsgebiet der Seri-Indígenas, steht inzwischen mit ihrer einmaligen Tier- und Pflanzenwelt unter Naturschutz.

Seite 108/109:
Sonnenuntergang über Cabo San Lucas an der äußersten Südspitze der Halbinsel Baja California. Der letzte Fels links, da, wo Cortés-Meer und Pazifik aufeinandertreffen, ist »El Arco«, der berühmte Felsbogen, der in Jahrtausenden vom Meer ausgehöhlt wurde.

Unten:
Bei Divisadero Barrancas eröffnet sich dieser grandiose Blick auf die Barranca del Cobre. Die Kupferschlucht ist viermal so groß wie der Grand Canyon in den USA. Divisadero ist Bahnstation an der spektakulären Strecke zwischen Chihuahua und Los Mochis am Pazifik. Bei der Fahrt über die Sierra Tarahumara überwindet der Zug 2500 Meter Höhenunterschied auf 650 Kilometern und fährt in 13 Stunden durch 86 Tunnels und über 39 Brücken.

Rechts oben:
Bis zu 1200 Meter fallen die Felswände der Barranca del Cobre ab ins tropische Tal. Unten schlängelt sich der Urique-Fluss durch die Schlucht. Während im Winter oben Kiefern dem Schnee trotzen, gedeihen unten Orangen und Bananen.

Rechts unten:
Die Straße nach Batopilas am Grunde der Barranca gilt als die aufregendste der Welt, immer dicht am Abgrund entlang. Der Bus von Creel braucht für 140 Kilometer fünf Stunden.

Unten:
Felsenhöhlen sind die Sommerwohnungen der Tarahumara-Indígenas, die seit Jahrhunderten in der Sierra Tarahumara leben. Im Winter zieht es die Tarahumara in die subtropischen Täler. Auf 60 000 wird die Zahl der Tarahumara geschätzt.

Rechts oben:
Das Innere einer Tarahumarahöhle bei Creel: Wohnzimmer, Schlafzimmer, Küche und Aufenthaltsort für Haustiere.

Rechts Mitte:
Eine Tarahumara Indígena webt auf einem Handwebstuhl. Ihre kunsthandwerklichen Arbeiten, darunter

geflochtene Körbe und holzgeschnitzte Puppen, verkaufen sie an den Bahnstationen des »Chepe«, des Zugs Chihuahua al Pacífico.

Rechts unten: *Große Wäsche am Río Batopilas auf dem Talboden der Barranca del Cobre-Schlucht. Batopilas liegt am Rande des Parque Natural Barranca del Cobre, der eine Fülle an seltener Flora und Fauna schützt.*

Seite 114/115:
Die Wüste in ihrer dramatischsten Form: Die Dunas Bilbao liegen bei Viesca, im Süden des Staates Coahuila nahe Torreón.

Rechts:
Saltillo ist die älteste Stadt im Nordosten Mexikos, die 1577 gegründet wurde. Die Hauptstadt des kleinen Staates Coahuila hat viel von ihrem kolonialen Charme bewahrt.

Unten:
Filigrane Steinmetzarbeiten zieren die Fassade der Kathedrale von Zacatecas, der 1548 gegründeten Silberminenstadt. Die Kathedrale mit der reich geschmückten Fassade stammt aus dem 18. Jahrhundert.

Oben:
Blick auf Zacatecas vom Cerro de la Bufa. Die einst reiche Silberstadt hat viel zu bieten: stattliche Kolonialbauten, kostbare Kunstsammlungen, eine Mine, die zeigt, unter welchen Bedingungen die Arbeiter schuften mussten und die sich abends in eine Disco verwandelt.

Links:
Schattenspiele in Zacatecas unter den Arkaden am Zócalo, dem zentralen Platz. Zacatecas ist die nördlichste der Silberstädte Mexikos.

Unten:
Fertig zum Auftritt bei der Charreada. Diese Reiterspiele sind im ganzen Norden, besonders aber in Guadalajara beliebt. Früher waren es Viehzüchter und Viehhirten, die sich im Wettbewerb maßen. Heute stellen sich Profis in spektakulären Shows den kritischen Augen der Zuschauer.

Unten:
Auch Frauen reiten mit bei der Charreada, elegant im Damensitz, aber nicht minder verwegen als die Männer.

Rechts oben:
Die Wettbewerbe laufen nach genau festgelegten Regeln ab. Hier versucht ein Reiter im Galopp ein Kalb am Schwanz zu packen und umzuwerfen.

Rechts unten:
Der virtuose Umgang mit dem Lasso ist eine ebenso wichtige Disziplin wie das Reiten auf einem Bullen. Charreadas werden deshalb auch mexikanisches Rodeo genannt.

30

Licor
de
Café
SELECCION
ESPECIAL

Unten:
Wie Orgelpfeifen ragen die skurrilen Felsformationen in die Höhe. Sierra de Organos heißt denn auch der Nationalpark in der Nähe von Zacatecas.

Rechts:
Der ganze Norden ist – von wenigen Oasen und Stadtanlagen unterbrochen – eine einzige Wüste, hier die Chihuahua-Wüste, mit unendlich vielen Unterschieden in Vegetation und Tierwelt.

Rechts unten:
Lonesome Cowboy als Viehhirte in der Sierra de Organos. Die Viehzucht, »ganadería«, ist wichtiger Wirtschaftszweig.

REGISTER

San Diego
Phoenix
Tijuana
Mexicali
Ensenada
Pto Peñasco
Baja California
StaRosalía
La Paz
San José del Cabo
C. San Lucas
Pazifischer
N

USA
Memphis
Dallas
Mississippi
Houston
New Orleans
San Antonio
Agua Prieta
Ciudad Juárez
Río Grande
Sierra Madre Occidental
Sta María
Ojinaga
Chihuahua
Delicias
Conchos
Hidalgo del Parral
Mochis
Culiacán Rosales
Torreón
Piedras Negras
Nueva Rosita
Nuevo Laredo
Monclova
Sierra Madre Oriental
Reynosa
Matamoros
Saltillo
Monterrey
Linares
Durango
Mazatlán
MEXIKO
Ciudad Victoria
Golf von Mexiko
Zacatecas
San Luis Potosí
Aguascalientes
Marías
Tepic
Ciudad Valles
Ciudad Madero
Tampico
Tamazunchale
Puerto Vallarta
C. Corrientes
Guadalajara
León
Guanajuato
Irapuato
Celaya
Querétaro
Tuxpán
Zamora
Poza Rica
Pachuca
El Tajín
Morelia
Teotihuacán
Colima
Tecomán
Uruapan
Toluca
Mexiko City
Jalapa
Cuernavaca
Puebla
Popocatépetl 5452 m
Taxco
Orizaba
Tehuacán
Veracruz
Bahía de Campeche
C. Catoche
Cancún
Mérida
Chichén Itzá
Uxmal
Cozumel
Cozumel I.
Yucatán
Tulum
Campeche
Edzna
Ciudad del Carmen
Chetumal
Coatzacoalcos
Minatitlán
Villahermosa
Zihuatanejo
Sierra Madre del Sur
Chilpancingo
zean
Acapulco
Oaxaca
Palenque
Belize City
Ciudad Ixtepec
Tuxtla Gutiérrez
Bonampak
BELIZE
Pinotepa
Puerto Angel
Golfo de Tehuantepec
GUATEMALA
Tapachula
Guatemala City
HONDURAS
Tegucigalpa

Blickt erwartungsvoll in die Zukunft: Tarahumara-Indígena in Batopilas.

Impressum

Buchgestaltung
hoyerdesign grafik gmbh, Freiburg

Karte
Fischer Kartografie, Fürstenfeldbruck

Printed in Germany
Repro: Artilitho, Trento, Italien
Druck und Verarbeitung:
Offizin Andersen Nexö, Leipzig

ISBN 3-8003-1562-9

Stürtz